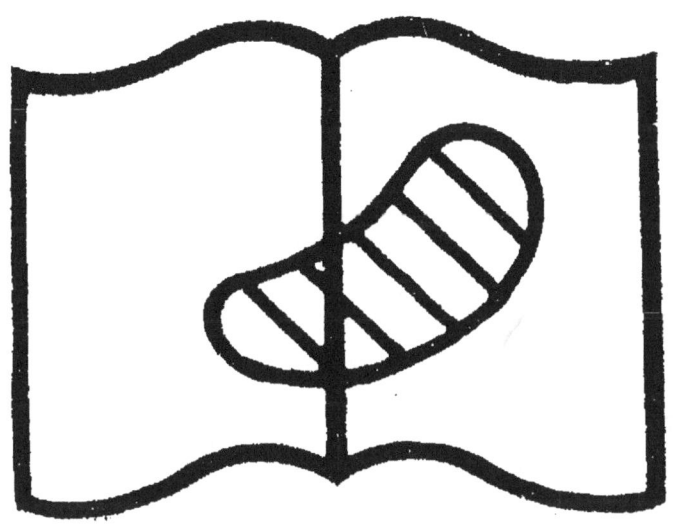

Illisibilité partielle

VALABLE POUR TOUT OU PARTIE DU
DOCUMENT REPRODUIT.

Original en couleur

NF Z 43-120-8

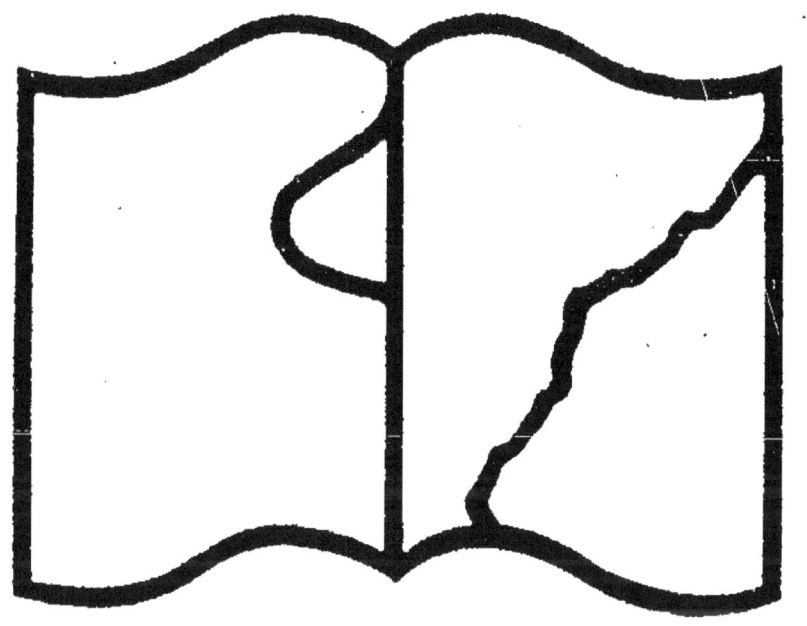

Texte détérioré
Marge(s) coupée(s)

MADAME
LA COMTESSE MARIE DE RAYMOND

PAR

PHILIPPE TAMIZEY DE LARROQUE

AUCH

IMPRIMERIE ET LITHOGRAPHIE G. FOIX, RUE BALGUERIE

Mai 1886

À Monsieur Léopold Delisle
souvenir bien reconnaissant et bien affectueux
Ph. Tamizey de Larroque
Gontaud, 24 mai 1886

MADAME LA COMTESSE MARIE DE RAYMOND.

Extrait de la REVUE DE GASCOGNE
TIRÉ A PART A 100 EXEMPLAIRES

MADAME
LA COMTESSE MARIE DE RAYMOND

PAR

PHILIPPE TAMIZEY DE LARROQUE

AUCH

IMPRIMERIE ET LITHOGRAPHIE G. FOIX, RUE BALGUERIE

Mai 1886

MADAME LA COMTESSE MARIE DE RAYMOND

De douloureuses circonstances ne m'ont pas permis de remplir un des devoirs les plus sacrés que l'amitié nous impose : retenu auprès de mon fils très gravement malade et dont la vie, à ce moment, était même en danger, je n'ai pas eu la consolation d'aller prier auprès du cercueil d'une femme que j'aimais comme une sœur et qui, j'ose le dire, m'aimait comme un frère. L'hommage qu'il m'a été impossible d'apporter, le jour de ses funérailles, à la comtesse Marie-Françoise-Henriette de Raymond, chanoinesse du Chapitre de Sainte-Anne de Munich, je voudrais le lui rendre ici, et la place est bien choisie, car la *Revue de Gascogne* était une de ses lectures favorites, et cent fois elle m'a parlé de notre recueil avec une estime et une sympathie dont je tiens à transmettre l'expression à tous mes chers collaborateurs.

Ce n'est pas un éloge solennel que je veux écrire; je louerai la femme d'élite que nous venons de perdre, comme elle aurait voulu être louée : avec simplicité, avec abandon, dédaignant les effets oratoires et préférant aux exagérations d'un panégyrique la sincérité, la familiarité d'une cordiale causerie.

Je dirai d'abord comment je devins l'ami, le grand ami de la comtesse Marie de Raymond, il y a de cela bien près d'un quart de siècle. C'était l'époque où la plus aimable des chanoinesses, qui longtemps se contenta de beaucoup lire, commençait à beaucoup travailler; l'époque caractérisée, pour tous les habitués de son hospitalière maison, par la transformation en un cabinet d'étude de sa *salle de billard*, les livres, comme un flot toujours montant, ayant peu à peu — les doux tyrans! — envahi toute la pièce. Madame de Raymond réunissait alors des notes sur les gentilshommes de l'Agenais qui, en 1789, avaient été admis à voter pour l'élection de l'ordre de la Noblesse aux Etats généraux. Quelques renseignements lui manquaient : ma chère cousine, Madame de Pérès, lui dit que j'étais un vaillant chercheur et qu'elle ferait bien de s'adresser à moi. Madame de Raymond suivit le conseil de son amie. Je fus assez heureux pour justifier la confiance dont j'avais été honoré. La *bonne comtesse* accueillit ma communication avec cette parfaite bonne grâce qui fut toujours une de ses plus attrayantes qualités; elle me demanda d'autres renseignements, que naturellement je m'empressai de lui fournir. Ainsi s'établit entre nous une correspondance qui devait durer tout le reste de sa vie et qui a été tellement active que, le dernier jour où j'ai eu la faveur de la voir, elle a pu me dire, en riant : *Savez-vous bien que je possède plus de trois mille lettres de vous?* Ce nombre effrayant s'explique très bien : Madame de Raymond et moi nous avons toujours été, depuis vingt-cinq ans, d'infatigables travailleurs, et pour l'un comme pour l'autre pas un jour ne s'est passé sans être embelli par quelque recherche. Quand l'un de nous, étudiant une page d'histoire et particulièrement une page d'histoire gasconne, ne trouvait pas tout ce qu'il aurait voulu trouver, il interrogeait *son camarade;* la réponse n'était pas toujours satisfaisante; on cherchait encore de part et d'autre, on échangeait des conjectures, des textes; on discutait le tout et, après s'être mis d'accord, on attaquait une autre question avec une nouvelle ardeur. C'étaient de continuels recommencements, et la navette entre Agen et Gontaud ne s'arrêtait pas, pour ainsi dire. Joignez à ces incessantes incursions dans le passé mille sujets de causerie contemporains, un livre nouveau, un article de revue, une anecdote littéraire ou mondaine, la capture d'un autographe, car, à tous nos autres traits-d'union s'ajoutait celui-là : nous étions de fervents collectionneurs l'un et l'autre, et le vainqueur ne manquait jamais d'annoncer à son rival le moindre accroissement de butin.

Ce qui, pendant longtemps, alimenta le plus notre correspondance, ce fut Florimond de Raymond. Madame Marie (je demande la permission de l'appeler ici comme nous l'appelions d'habitude) avait un culte pour tous ses aïeux et un culte particulier pour l'érudit et l'écrivain qui a été la principale gloire de sa famille. De mon côté, j'avais été très vivement attiré vers le docte autant qu'original conseiller au parlement de Bordeaux, et des mille et un *lièvres* poursuivis dans ma vie de chasseur littéraire, c'est assurément un de ceux que j'ai eu le plus de plaisir à prendre. Mais avant de le prendre, que de difficultés ! Les biographes n'avaient presque rien dit du célèbre magistrat, et le peu qu'ils avaient dit ne valait pas grand'chose. Il fallait tout retrouver, tout reconstituer. C'était un labeur immense. Avec quel enthousiasme nous l'accomplîmes ! Et combien l'arrière-petite-nièce du bouillant polémiste — l'ardeur généreuse de son sang se retrouvait dans les veines de mon amie — m'encourageait et m'aidait ! Que de lettres remplies de toutes les émotions que donnent l'espérance, la crainte, la déception, le succès ! Je me suis souvent demandé s'il y a rien de plus doux, dans l'existence d'un chercheur, qu'une collaboration comme celle-là.

Ce que nous avions fait avec tant de flamme pour notre cher et grand ressuscité Florimond de Raymond, nous le fîmes aussi pour divers autres personnages, tantôt pour des Agenaises plus fameuses par leur beauté que par leur vertu, comme Anne de Maurès (1) et madame d'Hallot, tantôt

---

(1) Après avoir publié, dans le *Cabinet historique*, une notice sur Mme de Maurès (1874) et, dans la *Revue de l'Agenais*, l'inventaire des meubles de la pécheresse (1878), j'eus la bonne fortune, en compagnie de mon excellent ami M. Adolphe Magen, de retrouver dans une des salles du musée de Carpentras une médaille à l'effigie de l'*amie* du duc d'Epernon. J'adressai aussitôt à

pour des compatriotes comme Claude Sarrau, le maréchal d'Estrades, l'abbé Jean-Jacques Boileau, Balthazar de Toiras, seigneur de Cauzac. Mais, en dehors des travaux publiés, que de travaux où reparaît notre fraternelle association et dans lesquels Madame de Raymond apportait surtout le résultat de ses recherches au fond des recueils généalogiques et des dossiers de vieux papiers des vieilles familles, tandis que je me chargeais du dépouillement des livres et documents historiques! Parmi les manuscrits du fonds qui doit à jamais porter le glorieux nom de *fonds de Raymond*, un des plus importants est consacré aux *Capitaines gascons mentionnés dans les Commentaires de Blaise de Monluc*. Pendant des années entières mon amie et moi nous avons cherché un peu partout des indications relatives à tous ces nobles guerriers. Aux *notes* dont ils ont été l'objet de la part du savant éditeur des *Commentaires*, le baron Alphonse de Ruble, il s'agissait de substituer des *notices* étendues, où non seulement leur vie entière serait retracée, mais où encore auraient été racontées les destinées de leurs aïeux et de leurs descendants. C'était trop difficile et trop vaste pour être jamais achevé. Madame de Raymond s'en occupait encore, il y a quelques semaines, et il en est question dans une des dernières lettres que j'ai eu l'honneur de recevoir d'elle. Je crois bien que de tous ses recueils, qui représentent des milliers de journées d'un travail opiniâtre et que l'on n'aurait jamais attendu d'une femme du monde, c'était celui qui lui était le plus précieux, en exceptant toutefois les recueils qui concernaient sa famille, et que, dans l'ardeur d'une piété filiale qui montait jusqu'à la passion, elle mettait au dessus de tout.

Ces détails sur notre intimité montrent combien j'ai le

Madame de Raymond ce triomphant télégramme qui devait lui aller au cœur: *Avons découvert portrait de Nanon. Vous en aurez une photographie.* M. Magen raconte le plus agréablement du monde l'incident de cette trouvaille dans ses impressions d'un voyage dans le Comtat-Venaissin, encore inédites en partie, mais dont la publication complète est prochaine.

droit de louer une femme que j'ai pu parfaitement connaître, parfaitement apprécier. On a déjà dit d'elle beaucoup de bien (1); on n'en dira jamais assez. Elle possédait la plus haute intelligence et le plus noble cœur : ce qui rehaussait encore toutes ses grandes qualités, c'était une modestie, une simplicité dont le charme était toujours nouveau. Elle cherchait à voiler son mérite avec autant de soin que d'autres se complaisent à l'étaler. De même qu'elle cachait les abondantes aumônes qu'elle répandait continuellement dans la main des pauvres, elle aurait voulu cacher ses beaux talents, ses profondes connaissances, en un mot tout ce qui constituait son éclatante supériorité et faisait d'elle la reine intellectuelle de toute la région. *Je ne suis pas une savante,* disait-elle souvent, *mais seulement une curieuse.* La vérité, c'est que personne au monde, même parmi les plus renommés spécialistes, ne savait aussi admirablement qu'elle l'histoire des vieilles familles de la France. Fécondant par une rare sagacité des lectures infinies, elle démêlait avec une dextérité parfaite les écheveaux les plus embrouillés. Aidée de son excellente mémoire et surtout de son ferme bon sens — ce bon sens appelé si heureusement par Jasmin l'*aînat*

---

(1) Sans parler des journaux de Paris, je mentionnerai les articles nécrologiques publiés, le lendemain de sa mort, le 25 avril, dans l'*Avenir de Lot-et-Garonne* et dans le *Journal de Lot-et-Garonne*. Le rédacteur en chef de ce dernier journal, M. Xavier de Lassalle, ami dévoué de Madame de Raymond, a déploré sa perte en termes touchants. Les divers journaux d'Agen ont reproduit, le 30 avril, une remarquable communication de M. Georges Tholin, archiviste du département de Lot-et-Garonne, annonçant avec toute l'émotion de la reconnaissance que Madame de Raymond, « après tant de services rendus pendant sa vie à ceux qui s'intéressent à l'histoire du pays, a voulu continuer son œuvre patriotique même après sa mort, » et qu' « elle a légué aux Archives départementales les manuscrits composés par elle, une collection de documents et d'autographes et sa riche bibliothèque. » Le mot *riche* est bien appliqué, car le libraire Bachelin-Deflorenne, il y a vingt ans environ, offrit à la comtesse de Raymond quarante mille francs de la seule collection de ses livres généalogiques. J'emprunte à la communication du savant archiviste un passage qui signale une démonstration des érudits gascons bien flatteuse pour l'inspiratrice et la protectrice de tant de publications relatives à notre région : « La Société des Archives historiques de la Gascogne, fondée il y a deux ans, et qui a déjà publié de si excellents travaux, inaugurait ses séances, à Auch, par une acclamation à Madame de Raymond, membre fondateur. »

de l'esprit, — elle était toujours en garde contre les erreurs où roulent si souvent les généalogistes de profession. C'était merveille de la voir retrouver — parfois en quelques instants — l'état civil d'un gentilhomme de tous inconnu, qu'il fut du siècle dernier, ou du siècle de Louis XIV, ou enfin de ce que nous nous amusions à appeler ensemble le *siècle de Monluc*. Dieu sait que de consultations lui étaient de toutes parts demandées ! Il en venait de toutes les provinces, il en venait de Paris, il en venait de l'étranger. Son temps, sa peine, ce n'était rien pour elle : le plaisir d'obliger la dédommageait de toute fatigue. Elle donnait avec la même souriante facilité ses renseignements aux travailleurs dans l'embarras, et son argent aux personnes dans l'indigence, et, la voyant ainsi doublement et constamment généreuse, je la surnommais la providence des pauvres de tout genre.

Bonne pour tous, Madame Marie l'était au suprême degré pour ceux qu'elle aimait. Rarement on a poussé aussi loin qu'elle le dévouement de la parente et de l'amie. Fille modèle, elle a comblé de soins et de tendresses son père, sa mère; elle a été comme une seconde mère pour sa sœur, madame Gavini de Campile, si digne d'une telle affection, car elle est la grâce et l'amabilité personnifiées. Il était doux de voir Madame de Raymond auprès de ses amis. Ses beaux yeux avaient alors un tel rayonnement de joie, que tout autour d'elle semblait en être magiquement illuminé. Combien agréables étaient les réunions chez cette maîtresse de maison, qui était à la fois une si grande dame et une si avenante amie ! Combien son enjouement, son entrain, ses prévenances, complétaient heureusement, dans les déjeuners qu'elle nous offrait, le luxe splendide et les exquises délicatesses de sa table ! Quel durable souvenir garderont de ces charmantes fêtes ceux qu'elle appelait ses *amis littéraires*, et qu'elle aimait tant à grouper autour d'elle, le docteur Jules de Laffore, notre vénérable doyen, convive et érudit également consciencieux ; M. Philippe Lauzun, qui était le plus jeune de nous tous et que sa spirituelle vivacité faisait surnommer *Philippe le hardi;* M. Adolphe Magen, aussi petit mangeur qu'aimable causeur, et qui, comme nous le disions, négligeait *les mets fins* pour se rabattre sur *les mots fins*; M. Gaston Séré qui, soit avocat, soit homme du monde, parle si bien, parle comme un livre, un de ces livres qu'il aime tant, et à qui je ne pardonnerai jamais, lui qui tourne à ravir les sonnets, de n'en avoir publié qu'un seul qui vaut, il est vrai, bien plus qu'un long poème; M. Georges Tholin, encore un poète celui-là, un poète excellent doublé d'un éminent archéologue; enfin le *Gontaudais,* heureux de se trouver en aussi parfaite compagnie et tenant tête, d'une part, à ceux qui montraient le plus de gaîté, et, d'autre part, à ceux qui montraient le plus d'appétit ! Tout le monde, ce jour là, avait une verve étincelante, mais personne n'en avait autant que Madame Marie. La verve était chez elle une qualité dominante; c'était comme une de ces sources vives et jaillissantes qui jamais ne sont taries. La verve de sa parole se retrouve dans tout ce qu'elle a écrit et donne à tout une singulière saveur. Qu'il s'agisse de ses lettres intimes, de ses souvenirs de famille ou de ses souvenirs d'agenaise (1), sa prose rapide semble avoir des ailes ; il s'en dégage quelque chose de communicatif, d'entraînant, d'électrique ; certaines pages sont particulièrement délicieuses.

Revenons à un sujet qui m'est cher entre tous, l'amitié de Madame de Raymond. Avant de terminer cette causerie, bien irrégulière, on le voit, et bien capricieuse, je tiens à rappeler

(1) Madame de Raymond, l'été dernier, m'a confidentiellement donné lecture de ses doubles souvenirs. Ce fut pour moi un régal sur lequel la discrétion me défend d'insister. Mais je puis sans le moindre scrupule parler d'un autre manuscrit, dont mon amie m'a remis, quelques semaines avant sa mort, une copie faite par elle-même. Ce manuscrit, intitulé : *Comment je travaille,* est rempli de révélations et d'appréciations intéressantes. Ce fragment d'autobiographie ne mériterait que des éloges si la modestie excessive de l'auteur n'y faisait sa part trop petite et si sa non moins excessive bienveillance n'y faisait, au contraire, la part d'un de ses amis trop grande : c'est la mienne que je veux dire.

deux ou trois faits qui montreront mieux que toutes les paroles combien cette amitié était généreuse et délicate.

Quand M. l'abbé de Carsalade du Pont et moi nous publiâmes les *Mémoires de Jean d'Antras de Samazan*, la dépense fut plus considérable que nous ne l'avions pensé. Mon cher collaborateur était alors un pauvre curé de campagne et moi j'étais un malheureux propriétaire déjà cruellement atteint par le phylloxera. Madame Marie, ayant eu connaissance des difficultés de la situation, déclara gracieusement (oh ! l'adroit prétexte !) qu'elle aimait trop la Gascogne pour ne pas contribuer aux frais d'impression d'un ouvrage qui faisait tant d'honneur à cette province, « pépinière de héros, » et avec un élan qui doublait le prix du bienfait, elle nous envoya une somme que nous accueillîmes comme les Hébreux à jeun durent accueillir les cailles grasses qui du ciel tombaient à leurs pieds.

Un peu plus tard, la bonne comtesse apprit que dans l'humble presbytère de Mont-d'Astarac, où avaient été réunis déjà, autour d'un magnifique chartrier, bien des volumes de grande valeur, manquait un ouvrage qui, précieux pour tous, est indispensable à un érudit s'occupant surtout d'histoire et de généalogie : je veux parler des *Mémoires du duc de Saint-Simon*. Aussitôt elle adresse des instructions à son libraire et, un beau jour, le secrétaire général de la Société de Gascogne eut la douce surprise de voir arriver les vingt volumes de la plus récente et de la meilleure des éditions alors connues (1). Ces jeux de fée bienfaisante, Madame de

---

(1) Madame de Raymond n'obligea pas un ingrat, comme le témoigne le petit billet suivant, que je reçus le surlendemain de la mort de notre amie et où vibre ce que l'on a si bien nommé le cri du cœur: « Je suis écrasé, mon cher ami, par la triste nouvelle que j'apprends. Pauvre chère comtesse, comme nous l'aimions et comme elle nous aimait! Quelle perte! Quel vide au milieu de nous! Notre fraternité est bien cruellement atteinte. Je ne trouve dans mon cœur brisé aucune parole de consolation à vous adresser, tant j'ai besoin d'être consolé moi-même. Avez-vous pu aller rendre à cette chère dépouille les derniers devoirs de l'amitié? Hélas! j'ai été retenu ici par mon ministère. Adieu, cher ami. Je vous embrasse dans la douleur et dans les larmes. — *Jules de Carsalade Du Pont.* »

Raymond les adorait, et je ne saurais dire combien de fois elle a spontanément comblé les vides de ma collection (1). Elle qui tenait tant à ses livres, elle qui était si passionnément bibliophile, elle accomplissait, quand il s'agissait de faire le bonheur d'un ami, les plus héroïques sacrifices, et, dans l'entraînement de sa générosité, elle allait — phénomène inouï parmi les collectionneurs, chez qui s'épanouit presque toujours un luxuriant égoïsme ! — elle allait jusqu'à se séparer — non sans des déchirements de cœur que voilait un suave sourire — d'une pièce peu commune, parfois même d'une pièce unique, qui faisait l'orgueil de cette admirable volière où abondaient les oiseaux rares et précieux — au plus beau plumage, ajouterai-je, pour continuer ma métaphore et pour caractériser la plupart de ses volumes, ornés des plus élégantes, des plus parisiennes reliures.

Gravement souffrante depuis longtemps, Madame de Raymond se savait frappée à mort. Elle accepta d'un cœur résigné la pensée d'une fin prochaine, pensée qui jetait tout son entourage dans les plus cruelles anxiétés. Confiante en la bonté de Dieu qui a dit ce mot où tout se résume : *Aimez-vous les uns les autres*, elle prit avec un mâle courage, avec une inaltérable sérénité toutes les dispositions suprêmes, qu'elle appelait les préparatifs du grand voyage. Ce fut d'une main ferme qu'elle écrivit son admirable testament, où se reflètent avec tant d'éloquence ses beaux et patriotiques sen-

---

(1) Tout dernièrement encore, j'avais à peine témoigné le désir de lire un ouvrage nouveau dont on disait quelque bien, que, refusant de me le prêter, elle mit sa joie à me le donner. Un jour, je m'en accuse, j'abusai de sa faiblesse pour ses amis et, à force d'instances, je lui arrachai — c'est le mot — un autographe auquel elle attachait beaucoup de prix, une lettre très curieuse de Madeleine Brohan. Que de fois, depuis ce jour, ne m'a-t-elle pas gaîment reproché mon demi-larcin, me traitant de *frère quêteur !* Je suis heureux de pouvoir dire que j'ai réparé mes torts d'une façon éclatante en remplaçant un peu plus tard, dans le portefeuille de Madame Marie, la lettre de la séduisante actrice, par la lettre d'une admirable reine, lettre adressée à une personne de ma famille et signée *Marie Amélie*.

timents (1). Elle expira le samedi saint, 24 avril, à sept heures du matin. Cet événement, quoique prévu, consterna toute la ville d'Agen. Chacun pleurait la *bonne comtesse* et louait sa belle vie si tôt brisée, car on meurt prématurément à soixante ans quand on est tant aimé (2). Le lundi de Pâques, à dix heures du matin, les funérailles de Madame de Raymond furent l'occasion d'une manifestation émouvante : toute la population était là, frémissante de douleur et de sympathie, bénissant à plein cœur la mémoire de celle qui avait fait tant de bien, mémoire qui, protégée par la reconnaissance de toute une province et d'une série indéfinie de travailleurs, sera toujours florissante et honorée.

(1) J'espère que l'on imprimera ce testament en tête du Catalogue du fonds de Raymond qui, selon une promesse de M. G. Tholin, « sera prochainement publié. » On sera surtout frappé, dans la lecture de ce testament, de la beauté d'une page consacrée à Blaise de Monluc, guerrier et écrivain, auquel Madame de Raymond désire qu'on érige une statue sur une des places publiques de la ville d'Agen. J'aime à croire que rien n'empêchera la réalisation d'un vœu auquel applaudira toute la Gascogne, si fière d'un de ses plus grands hommes de guerre et d'un de ses plus grands écrivains.

(2) Marie-Françoise-Henriette de Raymond était née à Agen le 28 juin 1825. Sur sa noble famille, où, depuis le xvie siècle, le culte des lettres a été héréditaire, voir diverses pages du charmant petit volume publié sous ses auspices par M. G. Tholin sous ce titre : *Le livre de raison des Daurée d'Agen*. Agen, 1880, in-18. M. de Laffore a préparé avec un soin extrême une généalogie très étendue de la maison de Raymond, avec accompagnement de nombreuses et importantes pièces justificatives. J'ai vu dans le cabinet du savant généalogiste le manuscrit de ce travail, qui formerait un gros volume in-4°. Combien il serait désirable qu'un travail aussi considérable et aussi bien fait ne restât pas inédit !